LLIF COCH AWST

LLIF COCH AWST

HYWEL GRIFFITHS

Cyhoeddiadau
barddas

Gyda diolch i'r canlynol am ganiatâd i gyhoeddi'r cerddi a gyfieithiwyd:
Sampurna Chattarji: 'Dinasoedd', 'Cyngor teithio'
Robin Ngangom: 'Laitumkhrah'
Marko Pogačar: 'Sgwâr St. Marko', 'Ynghylch y tywydd drwg'
Lin Sagovsky: 'Hen arian papur'
K. Satchidanandan: 'Wrth sgwennu', 'Y lloerig', 'Y gân ogleddol'

Diolch hefyd i Radio Cymru am ganiatâd i gyhoeddi Cerddi Bardd y Mis
Radio Cymru, Mehefin 2016 ac i Lenyddiaeth Cymru am gael cyhoeddi
'Gwalia Deserta 2012', 'DIY' a 'Diymadferth' a gyfansoddwyd ar gyfer
Her 100 Cerdd 2012.

Cyhoeddwyd ambell gerdd eisoes yn y cylchgronau *Barddas*, *Golwg*,
Poetry Wales a *Tu Chwith*; ymddangosodd 'Egin' yn *Taliesin*, rhifyn 139 (2010)
ac 'Y daith i Orsedd y Cwmwl' yn *Taliesin*, rhifyn 153 (2014) a 'Cwm Elan'
yn y cyfnodolyn *GeoHumanities*.

Cyhoeddwyd cerddi eraill yn y cyfrolau canlynol:
Cyfansoddiadau a Beirniadaethau Eisteddfod Genedlaethol Cymru Bro Morgannwg
  2010 (Llys yr Eisteddfod Genedlaethol, 2012): 'Gwynfor Evans'
Cyfansoddiadau a Beirniadaethau Eisteddfod Genedlaethol Cymru Maldwyn a'r
  Gororau 2015 (Llys yr Eisteddfod Genedlaethol, 2015): 'Gwe'
Gair i Gell (Cymdeithas yr Iaith, 2009): 'I Osian'
Golwg ar Gymru (Y Lolfa, 2013): 'Diymadferth'
Gyrru Drwy Storom (Y Lolfa, 2015): 'Llifogydd'
Pigion y Talwrn 13 (Cyhoeddiadau Barddas, 2016): 'Tyrfa', 'Annibendod',
  'Taflu cerrig', 'Gweithdy', 'Grid gwartheg'
Wyneb y Bore Bach (Cyhoeddiadau Barddas, 2016): 'Dymuniad'

Argraffiad cyntaf: 2017

ISBN 978-191-1584-05-6

Cyhoeddwyd gan Gyhoeddiadau Barddas.
Cyhoeddwyd gyda chymorth ariannol Cyngor Llyfrau Cymru.
Argraffwyd gan Y Lolfa, Tal-y-bont.

Mae llawer o gerddi'r gyfrol hon yn ffrwyth digwyddiadau, comisiynau a chystadlaethau a drefnwyd gan amrywiaeth o gylchgronau, cyfnodolion, cymdeithasau a sefydliadau. Diolch iddyn nhw i gyd am yr ysgogiad. Diolch i'r Glêr ac i'r Deheubarth, ac i ffrindiau yn Adran Daearyddiaeth a Gwyddorau Daear Prifysgol Aberystwyth. Diolch i Elena Gruffudd, Huw Meirion Edwards ac Eurig Salisbury am eu gofal a'u cyngor, ac i Elgan Griffiths am y clawr. Ysgrifennwyd y mwyafrif o'r cerddi yma tra oeddwn yn byw yn Nhal-y-bont, Ceredigion. Diolch i ffrindiau yn y pentref am eu cyfeillgarwch a'u cefnogaeth.

Diolch i fy nheulu, ac yn bennaf i Alaw, Lleucu Haf a Morgan Hedd.

I Alaw

Alaw, ti ydyw'r heulwen ar y don,
ti yw'r daith anorffen,
ti, Alaw, yw fy awen –
dyna hwyl fydd mynd yn hen.

Cynnwys

Llif coch Awst

Pan ddeuai llif coch Awst o'r bryniau hyn,
roedd nentydd dirifedi'n bywiocáu
a'r fro yn dal ei hanadl yn dynn.

Pan oedd y caeau gwair yn wag o wyn,
ag ambell wylan unig yn glanhau
y deuai llif coch Awst o'r bryniau hyn.

Roedd cyfnod newydd, gwell, ar ael y bryn,
rhai pethau'n dod i ben, a rhai'n parhau,
a'r fro yn dal ei hanadl yn dynn

fel pe bai dawns yn mrigau'r cyll a'r ynn
o'r cwmwl trymaidd eto'n ymryddhau
pan ddeuai llif coch Awst o'r bryniau hyn.

Disgwyliwn, fel yr hen felinwyr syn
mewn haf breuddwydiol o obeithion brau
y fro sy'n dal ei hanadl yn dynn,

am sŵn y daran gyntaf uwch Moel Llyn,
am gyffro'r rhyddid sydd yn agosáu,
a llif coch Awst yn dod o'r bryniau hyn
i fro sy'n dal ei hanadl yn dynn.

Fern Hill

Rhwng beddau Capel Newydd a Llan-gain
ni ddaw'r un golau drwy y coed i'r llawr
lle tagwyd pren afalau gan y drain.

Fan hyn lle'r oedd yr hen wanwynau'n gain,
ac imi unwaith gyfandiroedd mawr
rhwng beddau Capel Newydd a Llan-gain

mae'r hafau yn y nentydd sych a main
yn dwyn y Suliau syber fesul awr
lle tagwyd pren afalau gan y drain.

Lle nad oedd ofn mewn hydref yn llawn brain
a charped coch y dail fel toriad gwawr
rhwng beddau Capel Newydd a Llan-gain

mae'r gaeaf wedi dod, a dim ond llain
bach cul i barcio wrth y giât yn awr
lle tagwyd pren afalau gan y drain.

Ond sbecian wnaf, rhag imi weled sain
a chlywed golau yn rhaeadru i lawr
rhwng beddau Capel Newydd a Llan-gain
lle tagwyd pren afalau gan y drain.

Lli ac Archan

Nyt oed namyn dwy auon, Li ac Archan y gelwit. A gwedy hynny yd amlawys y weilgi, pan oreskynwys y weilgi y tyrnassoed. Ail Gainc y Mabinogi

Ger y Borth, ar gwr y Bae
di-hid yw'r hen, hen deidiau.
Dônt eto i daro bob dydd
yn fileinig aflonydd
yn y dwfn dan waliau dyn
a malu'r tywod melyn.

Ond ers cyn co' fe gofiai
y llwyth bod y môr yn llai,
bod y don yn afon oer
yn oes y rhewlif iasoer,
a'i lled, er oered yr hin
i Brân a'i gamau brenin
yn ddim mwy na rhyw lwyaid:
trai hir i'w bontio, o raid.

I bennod amhenodol
o'n daear frau, oesau'n ôl,
ar awelon meirioli
daeth tes ein cynhanes ni
i neuaddau llwybrau llên.
I'r rhew, daeth gwres yr awen
a dadrewi storïau
yn eiriau beirdd ger y Bae.

Mapio

wrth feddwl am H. M. Stanley yn Eisteddfod Dinbych, 2013

Pan oedd y map newydd, mawr
yn gynfas gwag ac enfawr,
ni wyddem am fynyddoedd
am mai ambell linell oedd
yr afon fawr a'r hafn fach,
y paith a'r gelltydd poethach.
Map o wynder diderfyn,
anneall llwyr yn y llun
o dir cyfandir rhy faith
i'r rheiny, yn griw uniaith
dan wae'r ceulannau mewn cwch,
deillion wrth ei dywyllwch.

Ond gwyddai rhai am bob rhyd,
hafan y cysgod hefyd
a lenwai â goleuni
y lloer ar gasgêd y lli.
Eu ffordd oedd llwybr eu ffydd,
a'r hwyr heb fraw oherwydd
cof y llwyth fel cyfaill oedd
yn arwain i'r pellteroedd.

Ond 'mhen dim, yn nod o wae
dilëwyd byd o liwiau'n
enwau gwyn ar afon gaeth,
rhaeadrau'r ymerodraeth.

Cwm Elan

Mae'r ffrwd o'r ffridd a'r foryd yn pellhau,
ac yma yn yr haen o waddod du
ysgarwyd y ffynhonnau bach a'r bae.

Roedd egni nad oedd modd ei ganiatáu,
heb inni'i ddal, ac felly o bob tu
mae'r ffrwd o'r ffridd a'r foryd yn pellhau.

Mi wn y tynnwyd arad trwy y cae
ond wela i mo hyn, cans man lle bu,
ysgarwyd y ffynhonnau bach a'r bae.

A lle bu Nant y Gro yn bywiocáu
dim ond y dŵr yn rhewi'n syfrdan sy',
mae'r ffrwd o'r ffridd a'r foryd yn pellhau.

Nid oes ceryntau fel rhubanau'n gwau,
mae'n ddistaw lle bu'r rhaeadr a'i ru,
ysgarwyd y ffynhonnau bach a'r bae.

Ar waelod oer y llynnoedd heno mae
haen arall eto'n disgyn oddi fry,
mae'r ffrwd o'r ffridd a'r foryd yn pellhau,
ysgarwyd y ffynhonnau bach a'r bae.

Mererid

Un o wreiddiau chwedl Cantre'r Gwaelod yw cerdd sydd i'w gweld yn Llyfr Du Caerfyrddin. Mae'r hanes yn y gerdd yn dra gwahanol i'r chwedl boblogaidd, ac mae cymeriad o'r enw Mererid yn amlwg ynddi.

Ton arall yw tyneru yn yr haf
a'r hin yn cynhesu,
ton o wacter yn ferru
a'i llyfnder o'r dyfnder du.

Iâ yn dadmer, Mererid, yw dy lais.
Dy lais sydd yn erlid
geiriau dan donnau di-hid
a darnio pob cadernid.

Mae traethell lle bu'r gelli, cyll a broc
lle bu'r ŷd yn tonni,
hen waliau'n sarnau, a si
o'r ŵyl dan glychau'r heli.

Bob yn air, bob yn erw y trowyd
y trai yn wŷr meddw,
a'r nos dros eu gwyliwr nhw'n
llunio llên yn y llanw.

Mererid, y mae'r erwau dan y don
yn dannod dy eiriau,
a nwyon yn troi'n donnau,
dŵr y byd yn codi'r Bae.

Gan drymed diasbedain cregyn gwyn
y gerdd, mae hen atsain
uwch y môr, yn glychau main,
awyr iach hithau'n sgrechain.

Llifogydd

I Alaw
(ychydig ddyddiau wedi geni Lleucu daeth llifogydd difrifol i ogledd Ceredigion)

Cyrhaeddodd. Ac er rhoddi dy ofal,
    er dyfod ohoni
      ei gwên, er ei heulwen hi
    glaw ynot fu'i goleuni.

Gwyll o fwg a llifogydd a fwriwyd
    dros fory a thrennydd,
      dŵr diaros y ffosydd
    yn codi, codi o'r cudd.

Y lôn o'r galon ar gau – heolydd
    yr haul o dan warchae,
      erydiad trwy dy rydau
    o hyd, a'r bont yn gwanhau.

Ond disgyn, disgyn wna'r dŵr, fesul dydd,
    fesul dafn o ferddwr
      nes daw haul i leddfu'r stŵr
    ar ei hyd, yn waredwr.

*   *   *

O foddi, rhaid cyfaddef ar y sgiw
    ac ar sgwâr y pentref,
      nes bod gwaddod y goddef
    yn dwyn gwraidd i goeden gref.

I Alaw

Rhagfyr, 2016

Cwrddwn lle na all cerddi ein cyrraedd.
    Trwy'r cur nad yw'n odli
  ni all fy awen enwi
  y maen hwn sydd rhyngom ni.

Dau ar wahân, bodau rhydd, – ynysoedd
    yn anwesu'i gilydd
  yn y llanw mawr llonydd
  cyn daw'n warchae donnau'r dydd ...

dyna ydym. Ond ni hidiwn am hyn.
    Baich y maen a daflwn.
  Cryfhau, nesáu, boddi'r sŵn,
  yna fory, fe'i heriwn.

Tyrfa

At bromenâd yr adar
y down heno bob yn bâr
i weddïo 'da'r ddaear.

Wrth y môr, allor yw hwn,
y glannau lle pengliniwn
yn fishi ein defosiwn

fel un, hyd nes diflanna
sagrafen ein hufen iâ
fel yr haul. I foli'r ha'

y down heno bob yn bâr,
o raid, at wyrth yr adar
i wylio, fel pe'n alar.

Y daith i Orsedd y Cwmwl

yn ystod taith ddiweddar i Batagonia gyda chyd-weithiwr, clywsom lawer yn
sôn bod yr eira ar y mynyddoedd, fel Gorsedd y Cwmwl, ger Trevelin, yn prinhau

I guriad y lôn gerrig, gyrasom
yn y gwres mawr, lloerig,
ar lôn yr awel unig, ar ymyl
y rhimyn pellennig,
lle daw'r glaw o'r gwagleoedd i lasu
creithiau loes y tiroedd,
heibio i osber aberoedd, yn dawel
drwy dywod fel gweoedd
yn llifo o'r pellafoedd, yn cario
aceri'r mynyddoedd.

Ar yr Orsedd eisteddai'r eira mawr
a mud, ac fe irai
erwau sarn ar ei siwrnai
i'r tir hesb sy'n halltu'r trai.

Fel duw diafael y daeth, duw oeraidd,
dieiriau'i ofalaeth,
duw oriog ei berchnogaeth
ar holl gnydau'r caeau caeth.

Heddiw mae'r haf yn gafael,
a'i wres fel crafanc ar ael
yr Andes. Creu o wynder
cannwyll ffydd gornentydd gwêr
y mae ei ymosod mwyn
â gwaniad poeth y gwanwyn.

Yng nghofnod gwaddod yr unigeddau
mae sŵn hen glecian mellt a tharanau,
cofnod o lewyrch, ac ofn dilywiau,
a lli'r afon yn tywyllu'r hafau,
y gwynt a'r dŵr yn eu gwau yn gyfres,
llwch yn achres a hanes yn haenau.

Mae'r gwynt fel chwiban drwy'r hen gorlannau
lle bu trwch o eira'n rhan o'r bryniau,
rhyw haen o eisin a'r rhew yn eisiau
sy' yno heddiw, a thros anheddau
yn y cwm, dros ein camau, gwelsom wên
fawr o heulwen yn adrodd cyfrolau.

Gwylio adar

yn dilyn dadl Tŷ'r Cyffredin am fomio ISIS yn Syria

Eisteddais yn y caffi clyd am awr,
gan ddisgwyl am sioe'r barcud uwch y llyn.
Glaw Rhagfyr ar y ffenest, dail ar lawr,
ac ambell smotyn du uwch ael y bryn
yn dod yn nes wrth arwain cyrch y llu.
Yn sydyn ymddangosodd sgwadron glòs,
ac o'r tu ôl i'r coed daeth cwmwl du
i gylchu yn fwriadus, oedi dros
eu teyrnas. Ceisio dianc oeddwn i
at fyd di-bobl, at lonyddwch hir
yr adar, ond disgynnodd dau neu dri
mor agos hyd nes gallwn weld yn glir
eu pigau a'u crechwenau'n goch gan wae
wrth ddisgwyl am gael disgyn ar eu prae.

Argae

Uwch Pont Hyllfan mae anaf yn nolen
    afon Elan araf,
      a goruwch fferm Gro Uchaf
    yn y glyn ei dŵr sy'n glaf.

O'r Hafod Lom, drom, lle bu'r drin a'r iâ
    yn troi wyneb meini'n
    ddarnau bach, manach, a min
    y rhew fel crafu'r ewin,

sbonciodd a rholiodd ar hyd ei gwely
    a'i rhigolau hyfryd
    raean mân, nes troi'r llif mud
    yn gôr o leisiau gweryd.

Islaw costrel Cwm Elan – yn y fro
    lle bu gro a graean
    ni ddaw mwy o briddoedd mân,
    y mur sy'n rhwystro'r marian.

Mae'r marian oddi tanom – yn y dŵr
    dieiriau sydd drosom
    yn dod lawr o'r Hafod Lom,
    haenau yn rhan ohonom.

Dymuniad

Mentro i'r eira oera' un,
ag angel del yn dilyn
dan gysgod ei hadnodau
i'w hel i gapel, cyn gwau
y sêr o drimins arian
am wyrth ei chyfeillion mân.

I ganol drama'r geni
a'r sêt fawr o set af i,
dilyn doethion heno'n ôl
i'w lwyfaniad elfennol;
yn dad i glywed adnod
y ferch na ddaeth eto i fod.

Annibendod

Pan fydd y llyfrau'n daclus
a'r Lego yn y bocs,
y lliwiau wedi'u cadw
'da Cyw, y clai a'r blocs,
bydd trefn ar fywyd fel o'r bla'n
ar soffa fach y lolfa lân.

Ond gwag yw'r carped moethus,
mae bylchau ar y llawr,
tawelwch yw'r taclusrwydd
heb sŵn y chwarae mawr,
a dim ond sibrwd anadl ddofn
o'r radio bach sy'n lleddfu'r ofn.

Dyfodol

i ddathlu 60 mlwyddiant clybiau ffermwyr ifanc Sir Gâr

Ni sy'n gwarchod y dyfodol, y bois
        sy'n bwysau'n y fantol,
    a'r hafau mor aeafol,
    ni yw'r rhai sy'n dal ar ôl.

Ni'r asgwrn cefn, ni'r trefnwyr, yn cywain
        llond cae o arweinwyr,
    yn rhoi i fwynhad yr hwyr
    y sŵn sy'n drwm gan synnwyr.

Cadwn y ffin, ailddiffiniwn ein bro,
        er ei briwiau gweithiwn,
    yna weithiau fe deithiwn
    i gefn gwlad y cread crwn.

Ni hidiwn alarnadu am rwygo'r
        Gymraeg a chanrannu,
    oni ddaeth, wrth amaethu,
    wawr fawr i bob nos a fu?

Er gwaethaf y ffurfafen gymylog
        mae haul yn ein hwybren,
    a glaw yn treiddio'r gleien
    yn ddwfn fel ein gwreiddiau hen.

Y bluen eira

Pan fo'r byd yn nos hudol,
eira'n dew dros fryn a dôl,
i lawr gyda'r plu eira
ar ei hynt o Wlad yr Iâ
daw un ar ei daith unnos
heibio'r sêr yn nyfnder nos,
y gŵr mewn gwisg goch a gwyn
y gŵr o'i draed i'w gorun
sy'n chwerthin yn ddiflino,
chwerthin iach ei wyrth hen o.

Clywch ymysg y clychau main
y baich o roddion bychain
yn ysgwyd yn rhwyd y rhew,
yn dweud, drwy'r t'wyllwch dudew
heno bod, uwch tref a bae,
Siôn Corn yn sŵn y carnau'n
bwrw'i hud ar lwybrau'r iâ,
lôn oer y bluen eira.

Taflu cerrig

Aethom ni am dro lawr at yr afon,
at encil fach rhag sŵn y siop a'r parc,
law yn llaw at lan o gerrig llwydion
lle daw y criwiau iau i osod marc
eu chwyldro ar bileri'r pontydd pren
a chreu argaeau. Yno cydiaist ti,
'rôl rhedeg at y dŵr, mewn carreg wen
a'i thaflu'n lletchwith. Do, fe chwarddon ni
ar gylch bach yn y dŵr, yr eiliad hir
nes bod y llif yn 'sgubo'r siâp i'r bae,
at siapiau coll yr oesau, olion tir
nad yw'n bod, ond rwy'n llon, oherwydd mae'r
un garreg fach a deflaist ti o'th law
yn drwm ar lannau Rheidol yn y glaw.

Addurno'r goeden

Estynnwyd y bocs sgidie blêr o'r gist
yn araf a gofalus, am ei bod
hi bron yn amser parti Iesu Grist
a bod Siôn Corn yn 'styried a yw'n dod
ar hyd ei siwrne faith. Roedd *bauble* rhad
yn drysor yn dy lygaid di, fel drych,
neu blaned fach lle nad yw ein parhad
mor frau a phoenus â'r dail pinwydd sych.

A diolch wnaf, am heddiw, nad oes un
peth arall ar dy feddwl, dim ond cael
yr addurniadau'n gytbwys a chytûn,
a llenwi pob un brigyn yn ddi-ffael,
a bydd, trwy osod seren wen yn iawn
ar ben y goeden fach, dy fyd yn llawn.

Atgof

fy atgof cyntaf yw fy nhad-cu, Dat, yn mynd â fi am dro
o gwmpas y fferm i geisio fy suo i gysgu

Wŷr a'i daid yn hwyr y dydd,
y sêr mas ar y meysydd,
a'r nos drwy'r clos yn culhau
i led yr adeiladau.
Taid, o raid, yn creu wedyn
wên o gwsg i'r bachgen gwyn.

Pan fo anhunedd heddi
a nos faith dros fy haf i,
fe af yn ôl o'r fan hyn
i'w ofalaeth hirfelyn,
i wlad cwsg, i weld y co',
a gweld Dat drwy'r glwyd eto.

I Dylan

Mae Dylan ar lwyfannau yn y Borth,
    Pen-bont-rhyd-y-beddau,
   Manhattan, godre'r Bannau,
  yn y Bîb ac yn y Bae.

Mae Dylan ar fy mhaned – ei wep-e
    ar bapur a breichled,
   ar wy Pasg yn fy masged.
  Mae praidd Dylanaidd ar led.

Dylan ar focs brechdane – a Dylan
    yn gwneud elw'n rhywle,
   Dylan mewn carafanne
  ar daith o'r gogledd i'r de.

Dylan y logo deliaf – a Dylan
    yn dilyn pob sillaf,
   Dylan a'i lais amdanaf,
  a'i 'Rage' ym mhob man yr af.

Mae Dylan dan ddylanwad, ym mhob bar,
    ym mhob un darlleniad
   o le i le hyd y wlad,
  Dylan ym mhob adeilad.

Yn Browns ac yn Llan-y-bri y bu beirdd,
    a phob un cyfryngi
   yn gwneud rhaglen eleni
  yn Fern Hill, myn uffarn i.

Ond Dylan, ry'n ni'n deulu (dyna dwi
    yn dweud), ac am hynny
   deued, Dyl, y wlad i dŷ
  yn Llan-gain yn llawn gwenu.

Efyrnwy a Banwy

Eisteddfod Meifod, 2015

Lle naddwyd cwm Llanwddyn
o gŵys i gŵys gan ddŵr gwyn,
Efyrnwy mwy sy' 'mhob man
a'r dŵr yn ddedfryd arian.

Lle na bu mae llyn heb iaith
yn cronni caeau'r heniaith,
clymu daear lafar lon
ei hen ddweud mewn gwaddodion.

Clymu ffrwyn a chadwyno
hen nentydd celfydd y co',
ofni i'r rhain lifo'n rhydd,
a rhoi trai ar eu trywydd.

Ond mae awch drwy'r cwmwd mwy,
rhubanau hyder Banwy
yn dolennu dylanwad
ystumiau rhydau'n parhad
yn sianel gyffrous uniaith,
a'i dŵr hi'n symud yr iaith
rhwng graean mân y mynydd
fel lli yn codi o'r cudd.

Awn o gwm Efyrnwy gaeth,
Banwy sy'n annibyniaeth!

1914

Er i'r lloer fendithio'r llwyn, yn gysur
    dros y gwas a'r forwyn,
  o dan eu lleuad wanwyn
    rhuddai Mawrth eu ffriddoedd mwyn.

Gair

Daeth yn ysgafn fel dafnau o law mân,
    cwmwl mud llawn synau,
  o eirio 'Mam' yn trymhau
  ar unwaith yn daranau.

Gweithdy

Dal un gwyfyn mewn gefel o eiriau
    a wna'r saer, a'i ddychwel
  liw nos a'r golau'n isel
  i gocŵn brawddegau cêl.

Dur

Gwanwyn 2016

Cwynais er gwaetha'r cyni – am nwyon,
    am niwed y ffatri,
  ond ddoe, yn ei chystudd hi,
  ro'n i eisiau'i ffwrneisi.

Grid gwartheg

ymson coedwigwr

Â drymrol pedair olwyn – daw gwawr fawr
cyfaredd y gwanwyn
nes bod y diwrnod yn dwyn
yr holl goed i'r lli' gadwyn.

Dwy afon

ymuna afon Brennig ag afon Teifi ger Tregaron

Ym Mrennig ein tymor heini – llifwn
yn llafar ag egni'r
gân iau, cyn y rhygnwn ni
yn do ifanc i Deifi.

Emoji

Am fod ar ap wyneb hapus, a'i wên
ar sgrin mor fyrlymus,
araf, ac mor bryderus
yw enwi'i boen â blaen bys.

Dic

O resi mud yr us mân – dewiswyd
    un dywysen arian
    i drymhau ysgubau'r gân
    a rhoi i lafur ei lwyfan.

Gerallt

Mae teyrnged nas dywedaf, a chywydd
    bach o wae nas canaf.
    Mae hi'n chwith, ond am na chaf
    farn wedyn, ni farwnadaf.

Gwynfor

Gro mân y geiriau meinion – a gludir
    o'n gwlad gan yr afon.
    Mae i rai'n y Gymru hon
    ddaeareg egwyddorion.

Gwynfor Evans

Sibrwd mae tywodfaen dyffryn Tywi
ei fod yn amhersonol, ac na fydd
llwch y dyn a daenwyd dros ei feini
yn gwneud dim oll ond cael ei gludo'n rhydd
gan afon amser, llifo hyd nes bod
y môr anghofus nad yw byth yn siŵr
a ydyw'n drai sy'n mynd, ai llanw'n dod,
yn cuddio'r olion mân o dan y dŵr.

Uno unwaith eto wna'r gronynnau
a chael eu gwasgu gyda llwch y byd,
yn nwfn y tir a ffurfir, plannwn seiliau
a'u diogelu rhag y tonnau i gyd,
a'r wlad a luniwn yno, haen wrth haen,
a fydd oherwydd hynny'n wytnach maen.

ynys

I: Llygad

Edrychaf o uchder,
fel o awyren
ar dirwedd du cannwyll dy lygad.
Ar gylch mor grwn
fel pe bai'r cread wedi mapio
perffeithrwydd
gyda chwmpawd esblygiad,
ac arllwys iddo ddüwch
y gofod i gyd.

Gwthiwyd yr ynys
i'r wyneb
o ddyfnderoedd dy isymwybod
fel llosgfynydd,
lliw llygaid dy neiniau
o ddaeareg dy eneteg
yn rhoi eu lliw i'r dŵr.

Ac wrth arllwys ehangder y gofod
i'r cylch cyfrin,
tywalltwyd ambell seren hefyd.

II: Wyneb

Cododd y gwynt dy wallt
yn donnau gwylltion,
gan guddio o dan eu gorlif
lannau'r môr.
Ambell ddiferyn yn llifo
ar hyd dyffryn dy geg
ac yn torri ar lethrau dy drwyn.
Halltwyd y ddwy ffynnon groyw.

Ond yna'n sydyn,
'sgubaist nhw o'r neilltu
a chwerthin,
ac aeth yr ysgub o aer
i greu,
fel curiad adain
iâr fach yr haf,
donnau gwylltion
ar ryw lannau pell.

III: Corff

Tynnwyd y cynfas gwyn yn donnau
gennyf, fel lleuad cariad,
a'u delwi ar eiliad ein pleser
o gylch dy gorff,
eu brigau ar blygiadau'r cotwm
a'r cafnau o'r golwg.
Creu o wyneb gwastad
drai a llanw.
Creu o esmwythder
y persawr glân
batrymau o ewyn.

Dy groen fel tywod
yn llithro drwy fy nwylo,
ac yn tywynnu fel lleuad
yn nhywyllwch y môr,
tynnais a gwthiais y gwynder,
a weithiau llywiodd yntau daith fy nwylo.
Dau bŵer yn asio
a chreu
yng nghynnwrf y cyffwrdd
dirwedd o drydan.

IV: Gwely

Dyma ein hymerodraeth,
ein trefedigaeth hirsgwar.
Tynnwn ni ohono ddeunydd crai
er mwyn i ni gael llosgi
fel canhwyllau.
Teyrnaswn drosto ar hyd oriau'r nos
fel *dacha* lle cawn fyw
pleserau'r haf.

Cau'r drws.
Bydd cilgant o olau
am ei fod yn hen a cham.
Bu pensaer amser yn ystumio'r ffrâm.
Y cilgant hwnnw
yw'r unig arwydd o'r byd
y tu hwnt i hyn.
Mae sŵn y cau fel clicied,
yn datod y distiau
a datgloi'r waliau.
Rhyddhau o'i seiliau yr ystafell fach.

Troella nawr
fel planed ar ei hechel.
Gwasgwyd iddi dirwedd
o ddodrefn
ac estyll pren fel gwely'r cefnfor.
Mae dillad fel llongddrylliadau
wedi eu taflu yma a thraw,
a cheiniogau gloyw
wedi disgyn o bocedi'n
bygwth cwympo
drwy ebargofiant
yr hollt rhwng y prennau.

Hwylia, cariad, yr ehangder hwn,
mae ynys newydd i'w darganfod.

V: Ystafell

Prynhawn Sul arall
y tu ôl i lenni
a'r drws ynghlo.

Cwpanau'n pentyrru
fel broc môr
wrth lan y soffa,
a'r dydd yn oeri
gyda'r diferion te.

Trafodwyd mynd am dro,
neu droi i'r ardd,
daeth ambell un
i gamu'n araf
rhwng yr haul a'r ffenest
a bwrw cysgod
crefydd,

ond yma fyddwn ni
am oriau eto,
diogi cariad drosom
fel cwrlid esmwyth
hyd nes bod bore Llun
yn ei dynnu'n greulon
oddi arnom,

a'r penwythnos yn gollwng
y byd o'i afael
a gadael iddo droelli
unwaith eto.

VI: Tŷ

Golchi'r llestri oeddwn i,
neu newydd lenwi'r tegell,
rhyw orchwyl
heb yr un arwyddocâd
heblaw mai'r llestri hyn,
neu'r tegell hwn
mewn cegin hydrefol
a fydd am byth yn adlewyrchu'r
llawenydd yn dy wyneb,
a sŵn tincial gwydrau'n
atseinio'r geiriau,
'rwyt ti am fod yn dad'.
O gwmpas yr atgof
rhoesom ein mwsogl a'n brigau,
yn glyd rhag gwynt a glaw,
rhoi lliwiau ein dyfodol ar y muriau
a gorchuddio'r gorffennol
lle bu rhywun, unwaith, efallai'n
gwneud 'run fath.

VII: Pentref

Ailgodwn ein llifgloddiau
unwaith eto,
a chilio
bob yn ddegawd
i dir sych.
Mae'r don ar yr ymylon
yn dal i'n malu.

Clywn yng nghof cymdeithas
sŵn crafu'r gro,
sŵn mân y meini'n
disgyn i'r dŵr

a gwyddom
ein bod ni ar fai,

ond yn ddiamddiffyn.

Codwn, o raid, bontydd
rhwng ein hynysoedd unig,
y pontydd yn y meddwl a'r dychymyg
i rannu'r gobaith
fel sment,
oherwydd, nawr, mae yna
reswm arall.

VIII: Gwlad

Tirwedd ein pererindod,

Dyfi, Wnion,

Dyfrdwy, Lliw.

Celyn.

Alwen, Clwyd ac Alun.

Bu'r chwiorydd yn garedig wrthym
wrth dynnu eu dŵr yn ôl,
nid oedd angen ein hymbil taer
na geiriau'r bardd i'w swyno,
synhwyrwyd ganddynt
mor hanfodol oedd y daith.

Mi awn, rhyw ddydd
ar bererindod arall,
y tri ohonom,

a chroesi, fel cenedlaethau dirifedi,

Rheidol, Ystwyth,

Wyre ac Aeron,

Teifi, Gwili a Thywi.

Yna, awn i ryfeddu
ar yr un nant fach
a oedd yn geunant imi
wrth inni fapio'i hynt
a'i hasbri a'i hynni
gydag enwau gwneud,

fy nhad a minnau.

Awn yno i ailenwi'r
pwll a'r crychddwr
a'r rhaeadrau mawr,
ail-greu o'r newydd
gof cenhedlaeth
gyda phensiliau lliw
dy ddychymyg di,

fel pe bai'r un dafnau bach
a lifodd dros ein traed
ddegawdau'n ôl

'di bod drwy'r môr a'r cwmwl

ac wedi treiglo trwy y mawn
a'r gors
a bellach yn tincial
dros dy chwerthin di.

IX: Ynys
Mae meini estron
yn y bae,
yn sgwario'u 'sgwyddau,
yn darian rhag gordd
y tonnau,

deall dyn
yn gwarchod
ei hen, hen hyfdra.

Rhyw ddydd mi fyddi di'n chwarae
ar y twyni tywod,
casglu crancod
o'r pyllau pellaf
a chreu dinasoedd
gyda bwced a rhaw,

a bydd dy chwerthin di
yn darian i ni ein dau.

Dinasoedd

cyfieithiad o gerdd Sampurna Chattarji

Dywed wrtha i felly:
Ydi hi'n boeth?
Ydi hi'n glawio?
Oes yna lefydd i eistedd ar ddiwrnod heulog
ymhell o'r dorf?
Ydi hi'n dlws?
A swnllyd?

Sut ogle sy' ar y stryd?
A be mae'r menywod yn ei wisgo?
Ydyn nhw'n dlws?
Wyt ti'n ei charu?
Allet ti ei gadael?
Os do' i,
a fydda i'n ei hoffi?

Oddi cartre, ar ein pen ein hunain bach,
ffeiriwn ein dinasoedd, fel addunedau.

Ffydd a phaent

wrth ymateb i lun Ewcarist y Gothiaid gan Kevin Pople

Dod law yn llaw ar lwybrau oer y llan
a wna'r ddwy ferch, gan frysio rhag y byd,
a thros y waliau lle mae golau gwan
y lloer yn llesg, eu gwallt sy'n fflamau i gyd.
Dod mewn cotiau hirion a masgara
a chroesau sydd mor drwm â sŵn y bas,
blasu wrth yr allor win a bara,
a theimlo, yn anfoddog, ryw hen ias.
Golau ydyw'r düwch ar ewinedd
sy'n dilyn geiriau'r emyn air am air,
does dim byd i'r ddwy i'w weld yn rhyfedd
wrth weld yn nrych y ffenest rith o Fair.
Ond daw y gwir, fel heulwen ganol dydd,
dros baent sy'n troi 'nychymyg i yn ffydd.

Clawdd terfyn

'Na selia eiriau proffwydoliaeth y llyfr hwn: oblegid y mae'r amser yn agos.'
Datguddiad 22:10

Y ward

Marmor oer yw'r marw hwn.
Yn ddof y dioddefwn
nos y cancr, ac nis concrwn.

Llygaid tad-cu yn duo,
a'i ŵyr, er pob cysuro
â'i fraw'n frau'n ei farw o.

Curiadau'r sgrin yn blino
mesur ei gur, a'i gario –
sŵn ei farw'n llafurio.

Rhy wyn yw'r coridorau
oeraidd i glywed geiriau
Creawdwr trwy'r curiadau.

Rhy hir, a goleuni'r glyn
yn hudo pob munudyn,
o arfer, tua'r terfyn.

Pŵer ei bader di-baid
i herio hen deilwriaid
terfyn diderfyn ei daid

sydd heno'n yfflon ar hyd
y bwrdd, mae'n llithro o'r byd
i gwsg sy'n gyffur i gyd.

Siglo i gwsg o olau gwyn
a wna ŵyr y marworyn,
ond â'i ofal, dal yn dynn.

Er ei wên, synhwyra drai
yn y llaw sy'n teimlo'n llai,
taro'r cloc sy'n torri'r clai.

O dan y môr a'i donnau
Dan Glogwyn y Trwyn mae'r lli'n trywanu
ar ei gymalau'n rhwygo a malu,
drwy Gae yr Hafod, daw'r dŵr i grafu'r
llwybrau a'r cloddiau ac yna'u claddu.
Mae bae o wymon lle bu'n feillionog,
a Dôl y Fawnog yn dadelfennu.

A lle bu'r gwenith a llwybrau'r gwanwyn
ar hyd y cread, a'r praidd yn gadwyn
yn ymlwybro am dro cynffon-i-drwyn,
mae crwst o halen ar borfa'n wenwyn,
ac ar y ffridd gyrff yr ŵyn disymud,
a natur y crud eto'n hollti'r crwyn.

Man lle bu'r gorffennol yn y dolydd
eto'n egino drwy bridd y gweunydd,
a dod i ymosod ar heth y meysydd,
ton sydd heno'n ail-lunio Elenydd,
dŵr hallt drwy wallt yr elltydd sy'n tynnu,
yn sgwrio a gwynnu'r hesg a'r gwynwydd.

I lawr aiff y pileri, ac i lawr
aiff y clos a'r gerddi,
yr hen gantref a'i bentrefi'n clywed
y maen clo yn hollti.

Y tyrau a chwteri hen gae sych
fel jig-so ar dorri.
Afonydd oll yn feini, a dyfroedd
aberoedd yn berwi.
Y fawnog hyd ei sylfeini'n llanast
a'i llynnoedd yn corddi.

Mae'r ffiniau'n ddarnau, a'r ddôl
yn marw'n annhymhorol,
pob terfyn yn terfynu,
malu o dan gwmwl du,
a hen gaer o wal gerrig
ar wasgar drwy'r ddaear ddig.

I'r gwaith hirfaith rhoed terfyn,
chwalwyd rhith y gwenith gwyn.

O raid, ni welodd y fro
ofalaeth yn dadfeilio.

Glöynnod

Nid yw'r glöynnod arian
wrthi heno'n temtio'r tân,
nac yn llunio'r tymhorau
â llwybr hir eu hesgyll brau
fel roeddynt gynt pan ddaeth gwên
i wefus y ffurfafen,
a gŵr a gwraig ar gae'r haf
yn anterth y sws gyntaf.

Heno, mae'r ddau ar ffordd hir
sy'n estyn dros y crastir,
dau ffoadur yn guriad
o ffydd ar lonydd y wlad,

y lonydd a felynwyd
gan y lleng, gan egni llwyd
yr haf oer, yr oera' a fu,
haf oer heb hydref fory.

Heno, mae dau'n mynd a dod
yn y tai lle mae'r tywod
yn haenen dros orffennol,
yn ddu dros hen wyrddni'r ddôl.
Dau gariad wrth ffoi'n gwadu'n
ddryslyd yr hen fyd a fu,
dau ddigartre'n byw penyd,
hulio bwrdd wrth ymyl byd.

Ufudd i rymoedd Neifion
fel dail yng ngafael y don,
dau gysgod dan gysgodion
hynod glöynnod y lôn.

Oedfa'r nos

Yng ngolau'i ganhwyllau gwêr
diwedd byd oedd ei bader
i'r sêt fawr a'r set a fu'n
addoli wrth ei ddilyn.

Rhoes air ffydd yn ddrws ar ffaith
i greu mur â grym araith,
rhoes weddi rhag rhoi'r dirwedd
a hen faes mewn newydd fedd.
Yn ddof, mynnai ufuddhau
i amynedd emynau.

Hen ddyn rhag ton ddiwyneb
yn rhoi ei nerth na ŵyr neb,
un dyn ag awdurdod Duw,
un ddeilen yn Ei ddilyw.

Nid oes emyn disymud,
na gweddi rhag boddi'r byd,
ond ar hyd y pedair wal
a'u hadnodau anwadal,
mae rhyw rym yn rhwymo'r rhain,
a hen her yn eu harwain.

Ar bedair wal sy'n chwalu'n
y dŵr mae holl obaith dyn.
pedair wal yn dal dilyw
gorfoledd dialedd Duw.

Y cloc

Mae'r cloc yn dal i docio
hyd a lled ei wella o,
yn ŷd ei oes mae bys dur
eiliadau fel llafn pladur.

Mae'r cloc yn dal i docio,
ac mae'i dician arian o
yn torri'r ŷd at ei wraidd
â rhyw alar rheolaidd.

Mae'r cloc yn dal i docio,
mesur hyd ei amser o.
Cnulio'n oer mae canol nos
allorau'r stafell aros.

Yr orsaf

Ger traffordd ddiarffordd, ddu – yn y wlad
       lawr rhyw lôn, mae'r tagu'n
   dawelach bellach lle bu
   dyn a'i guriad yn gyrru.

Y dynion yn gadwyni i'r orsaf
       fel rhyw hers yn delwi
   hyd y lôn fel dolenni.
   Yr orsaf olaf yw hi.

Aros maent yn rhesi mud, am eu dogn
       llwm o dân yn rhynllyd,
   fel am gymun bob munud,
   am eu dram o fflamau drud.

Aros am hawl i yrru – ac aros
       mewn hen geir yn rhydu,
   aros nes daw yfory,
   aros i weld pa wawr sy'.

Eu penyd drwy'r nos ddudew heno fydd
       hen feddau dan eiddew,
   rhyw oes ar elor o rew,
   elor penllanw'r olew.

Mae'r olew'n dew ar ddwylo dyn, huddyg
       yn gorchuddio'r hedyn,
   a'i fyd oer o dan lif du'n
   dannod mor fyr ei dennyn.

Sŵn nid oes i'w ynni du, heblaw sŵn
       blŵs unig yn canu,
   sŵn un llais heno'n y llu,
   sŵn hen farw'n diferu.

Er i'r haul ar heolydd dwymo'r byd
mae ar ben ar gynnydd,
er disgwyl, disgwyl bob dydd,
swn y llanw sy'n llonydd.

Atgof

Pan ddaw tymor lliwio'r llun
yn ofalus hirfelyn
awn yn ôl at ein heulwen
nad yw'n oer er mynd yn hen,
at gae yr hen gynhaeaf
ar drywydd hwyrddydd o haf
na fu erioed, haf ar ael
hen gof sy'n mynnu gafael.

Yno torrodd tractorau
ryw arc hir drwy wair y cae,
a phob teiar fel taran
drwy resi mud yr us mân
yn mynnu dirgrynu gwres
hafau sy'n hen, hen hanes.

Dôi dynion mawr gwydn y maes
a'u nerth anferth i'r henfaes,
â had o haul wedi'i hau
ar aceri'u cyhyrau,
i godi'r tir yn llwyth tân
neu'n sêr o fân us arian.

Ger llannerch o bicwerchi
min nos y chwaraeem ni,
creu caerau o'r byrnau bach,
o'r maes creu gwlad rymusach,
hyd nes deuai'r gwair i gyd
i setlo yn gysetlyd,
a chloi gweithgarwch y wlad
a'i dolydd mewn adeilad.

Daw'r heulwen drom, hufennog
a yrr y glaw heibio'r glog
i dywynnu pan dynnir
y rhaca fach drwy'r cof ir.

Yr arth wen

Yn hedd y gogledd, gwagle
yw'r hen dir sy'n llenwi'r lle,
iâ sy' dros ei dir iasoer
yn gynfas gwyn, yn fasg oer
a wisgwyd a'i roi'n wasgedd
o rew yr oesau ar wedd
y graig a gwisgo'r eigion,
cymoni a delwi'r don.

Ond mae'r cynfas bras o'r brig
i'r bôn dan wawr o banig,
uwch seler y dyfnder du
yn chwil, rhyw ddechrau chwalu
yn nŵr y môr y mae o,
a thynhau a theneuo.

A'i thir hi'n toddi'n y tes
arth wen ar drothwy hanes
sy'n dawnsio yn ei dwnsiwn,
dyna Groes y byd yn grwn.

Y bore

I'r ward unig, ar dennyn,
ac i'w wisg o olau gwyn
daeth y bore dan bledio
nad oedd yn ei lendid o
friwiau'r nos na'i frain o wae,
na lliw ofon hunllefau.

Daeth i brocio'r marworyn,
deffro ac aildanio'r dyn
a fu'n dal fel gefyn dur
i geisio darn o gysur,
dal dwylo â dialedd
cyfeillgar, byddar y bedd.

Ond gwawr yw gwawr, er garwed
ei gwedd oer a gwag a ddwed
ei bod hi'n bryd symud sedd.
Gwawr unig y gwirionedd
sy'n magu'r dur, mapio'r daith,
rhoi haul ar frwydr eilwaith.

Y storm gyntaf

Ar y dalar mae'r cymylau'n sgwaru
eu glaw yn llidiog a'u hwylo'n lledu,
mae'r gwynt drwy'r buarth a'i lafn yn carthu,
o dan daran sy'n darogan â'i rhu,
cae o ŷd sy'n cyrcydu, a chragen
hen y gramen fel pe bai'n gwargrymu.

Mae sŵn y glaw o'r llethrau draw fel drain
ar groen y gŵr sy'n rhyw grino'n gywrain,
heibio ar wib daw ystrydeb y brain,
heibio'i gaethiwed gan ddiasbedain
molawd eu corws milain, – byd natur
yn cynnig cysur â'u canu cysain.

Ac o'i wely mae'n gwylio'r tymhorau,
gwylio eu huno'n dileu'r terfynau,
ond gwêl ei ŵyr yn diogelu'i erwau,
gwêl yn nhir galar, a'r glaw'n rhigolau,
wawr arall ar ororau'r ffenest fach,
gwawr oleuach fel dagr o liwiau.

Llonyddwch

clywed am farw Iwan Llwyd wrth aros yng ngorsaf drenau Amwythig

Roedd sŵn cledre'n obennydd – cyn i dôn
    acen daer negesydd
    amlhau clychau'r clochydd
    a stŵr ffôn ddistewi'r ffydd.

Ar y tracs, dros seti'r trên – ysgydwodd
    gysgodion yr wybren.
    Rhoed dur ym mêr daearen
    i oeri'r haf, rhewi'r wên.

Y frân, ar farw'r ennyd – a laniodd
    ar y lein ddisymud
    gan ymestyn am funud
    yn farw'r haf ar ei hyd.

Os na theithi di, nid aeth – yr un bardd
    drwy hen byrth cwmnïaeth.
    Llonyddodd ein llenyddiaeth.
    Nid canu mae'r canu caeth.

Roedd dy wlad yn wlad lydan, – hewlydd cul
    oedd coleg dy gytgan,
    ond daw i'th ffyrdd di, Iwan,
    niwl galar o bedwar ban.

Ceraist hon, yna creaist hi – eilwaith,
rhoist dy olau arni,
ond mi wn na allwn ni
roi dy wên hir odani.

Mae'r grym os mawr Ei gryman? – Mae mis Mai
os mud yw ei gytgan?
Mae'r nwyd os malwyd pob man?
Mae'r ha' os marw Iwan?

Gwair

Pigai'r hadau bychain am ddiwrnodau
gan wrthod dod o waelod sgidie gwaith,
er imi eu hysgwyd, roedd fy sanau'n
f'atgoffa bod yr haf a'r erwau'n faith.

Ar groen rhy feddal lle bu'r gwellt yn gras
roedd briwiau'n llosgi'n goch, ôl haul a llwch
yn gwrthod golchi ymaith, awyr las
dros dir yn do a'r chwerthin arno'n drwch.

Heddiw clywaf sŵn y cynaeafau,
dychmygu'r bois o bell yn troi i'r tes,
golchwyd o fy nwylo ôl y creithiau,
ond gwn, wrth droi i'r cysgod rhag y gwres
a chlywed grŵn peiriannau yn yr hwyr,
na allaf fyth waredu'r hadau'n llwyr.

Cyfeilydd

Pan ddaw deigryn, derfyn dydd,
drwy nodau yr unawdydd,
a'i lais ar lwyfan y wledd
yn gân wag o unigedd,
yno daw'r gyfalaw fach
a'i threfn yn gefn ysgafnach,
i greu o'r lleddf gywair llon,
i ledio drwy waelodion
neuaddau'r poen. Pan ddaw'r pâr,
ni all düwch gwyll daear
wneud i lais cantor dorri –
mae'n haws yn ei chwmni hi.

Y sgan

Pam edrych, edrych o hyd,
a mynnu dal am ennyd
yn y sgan sy'n ias i gyd?

Oherwydd, yno erys
y byd bach rhwng bawd a bys
ar ei echel frawychus.

DIY

Gwn, wrth droi dalen wen fy nhŷ – na wn
　　hen hanes y teulu,
　ond mi glywaf, wrth grafu,
　haen o baent yn dweud y bu.

Ymryson

yn Eisteddfod Wrecsam, 2011

Ym Maelor yr ymylon, ddydd 'rôl dydd
　　daw'r ddau dîm anfodlon
　a dileu o'r ardal hon
　elyniaeth drwy englynion.

Dora

Roedd llwyfan ym Moel Ganol – iddi hi,
　　llwyfan hollbresennol
　a lenwai pan hawliai 'nôl
　ei rhan taera' naturiol.

I Wynne

*ar ei ymddeoliad fel technegydd labordy'r
Adran Daearyddiaeth a Gwyddorau Daear*

Ni ddywedai'r gwaddodion eu hanes
　　heb i Wynne a'i brofion
　hidlo â'i eiriau rhadlon
　wyddor hardd y ddaear hon.

Y gadair ddu

Cadeiriau fel coed derw
mewn coedwig hen oedden nhw,
hŷn heddiw na'r mynyddoedd
a'u coesau'n wreiddiau. Lle'r oedd
y waun foel daeth cân i fyw,
i ddeilio fel pe'n ddilyw.

Duwyd un gan waed dynion,
dychryn bechgyn yn ei bôn.
Ond ar hyd gweundir yr iaith
yn nhrueni yr heniaith
o gylch y cadeiriau i gyd,
yno tyfodd tŷ hefyd.

Egin

Chwyrlïai'r goeden denau
fel rhyfel mewn cornel cae,
siglo'i gwisg o olau gwan
yn flêr, rhoi ei chwfl arian
i faes y gaeaf iasoer
rhag gefel yr awel oer.

Ond mi welaf gnwd melyn
ir y gwair dan erwau gwyn,
ac am y goeden denau
y gwynt fel pwythwr yn gwau
rhyw wisg o hen frethyn cry'
dail llydan i'w dilladu.

Y ferch sy'n byw 'da Padraig Pearse

Mae merch yng Nghonnemara'n byw a bod
yng nghwmni ysbryd bardd, yn cynnau tân
ar aelwyd oer ei hanes, canu clod
a gwisgo'i luniau yn ei ddillad glân.
Croesawu'r Ianc sy'n meddwl bod y ffyrdd
yn lot rhy gul i arwain at y lle,
nes gweld y gwyngalch rhwng y cloddiau gwyrdd
a'r ferch â'r llygaid gwybod-be-di-be.

Ar silffoedd tawel rhwng y mawn a'r dŵr
mae'n twtio synau'r swyddfa bost a'r gell
a'u gwneud yn gân, oherwydd mae hi'n siŵr
bod rhwng y pedwar mur ryw freuddwyd bell.

Mae'n sgwennu yno, am ei bod hi'n rhydd,
ei broclamasiwn eto, bob un dydd.

Gwanwyn yn Llangynog

i Gareth

Pan fo bore'r dre dan y *duvet* 'n dynn,
a'r stryd yn gawdel o lampau melyn,
cyn i rwyd y wawr ddal canu'r deryn,
camu i'r rhewynt uwch y cwm mae rhywun,
i gael haf o'r gaeaf gwyn, man lle bu
ei hen, hen deulu mae yntau'n dilyn.

Un sy'n bod i glywed sŵn y beudy'n
rhuthro dihuno fel haid o wenyn,
sŵn ŵyn y tymor yn goleuo'r glyn,
a'i erwau llwyd yn friallu wedyn,
y boi sy'n dod â bywyn rhyferthwy
haf i'r adwy gyda thwf yr hedyn.

Sêr

cywydd i nodi dechrau prosiect i ddathlu dau gan mlynedd ers sefydlu'r Gymdeithas Seryddol Frenhinol

Ers amser, bu dau gerrynt,
dau drywydd cudd (nid fel cynt)
ym myd meddylwyr y maes,
nid un edefyn – deufaes
awen a llên ar un llaw,
a golau dawns ac alaw,
ac ar y llall, agor llen
o gam i gam yn gymen,
ar yr haul, a'r rheolau
a fu erioed i'n hoes frau
a wnaeth ein gwyddonwyr ni,
ffeirio rhifau, a phrofi.

Ond trwy'r awen eleni
dod yn nes wna'n gofod ni,
darlun o sêr drwy lens iaith
gawn ni 'leni, filiynwaith.
Ein gwawr sy'n wawr o eiriau,
a Mawrth sy'n creu ein dramâu,
yn awr rhown lwyfan yn ôl
i Sadwrn a'i *waltz* hudol.
Mynnwn ni weld, a mwynhau
gwylio iaith y galaethau.

Mae alawon gwyddoniaeth,
damcaniaethu'r canu caeth
yn y theorem a'r emyn,
yn rheolau lliwiau'r llun,
cynghanedd ddiddiwedd ŷnt,
a dawns hud y nos ydynt.
Y mae yn ein nodau ni
hafaliadau'n faledi,
ac mae rhes o Gymry iau
a'u gwyddor yn gywyddau.
Yn eu sŵn hawliwn yn ôl
y wyddoniaeth farddonol.

Google Mars

Pellter? Dim ond clic llygoden
ac mae planed yn dy law,
tynna'r tir coch yn nes atat
a chrwydra yma a thraw.

Clic, a llusga'r chwyddwydr
dros dirwedd sy'n llenwi'r llun,
dyffrynnoedd dwfn a llydan,
a'r llosgfynydd mwyaf un.

Clic. Dychmyga dy fod di
yn crwydro mewn crater cras,
neu'n llithro dros y pegynau
rhewllyd yn teimlo'r ias.

Clic. Dilyna'r afonydd
sy'n sych ers oesoedd hir
a'u canghennau distaw'n estyn
eu brigau fel bysedd drwy'r tir.

Clic. Teimla'r stormydd llychlyd
sy'n symud y tywod mân.
Clic. Mae Mawrth y dychymyg
yn nes nag yr oedd o'r bla'n.

'Cofiwch Dryweryn'

Be welwn ni wrth fflio
ar hast am y canfed tro
tua gobaith teg Aber?
Y llaw am y gannwyll wêr.

Gwrthryfel mewn cornel cae
a chwerwedd yn cydchwarae
yn y llun sy'n ddryll ynof,
llun o'r cwm sy'n llanw'r cof.
Llun o'u holl enillion nhw,
a llun o drai eu llanw,
y mur a fu'n amharod
ac yn fy mêr cyn fy mod.

Cyn troi'r gornel, be welwn?
Ynys o ust rhag holl sŵn
yr hewl, lle gwyddom yr aeth
dau air yn wyliadwriaeth.

Dawns

wrth fagu Lleucu

Os yn wyllt, noson o haf, y dawnsia
i diwns nas deallaf,
am un nos ailgamu wnaf
i oes aur ein *waltz* araf.

Cysgod

Ym mhen eithaf yr afon – lle mae'r lli
mawr llwyd yn anghyson
a'r haul yn gwenu'n greulon,
i Morgan Hedd mae'r gân hon.

wrth sgwennu

cyfieithiad o gerdd K. Satchidanandan

Sgrifennaf yn fy ngalar.
A orlifodd yr afonydd?
Na, dim ond fy ngruddiau i sy'n llaith.

Sgrifennaf mewn casineb.
A yw'r ddaear yn ysgwyd ac yn crynu?
Na, dim ond fy nannedd i a dorrwyd.

Sgrifennaf yn fy nicter.
A yw'r mynyddoedd tân yn ffrwydro?
Na, dim ond fy llygaid i sy'n cochi.

Sgrifennaf yn ddychanol.
A yw'r meteorau'n fflachio yn yr wybren?
Na, dim ond fy ngwefusau i a glymwyd.

Sgrifennaf yn gariadus.
Daw'r adar at fy 'sgwyddau a nythu.
Plyga'r coed dan ffrwythau trwm a blodau.
Cofleidia'r rhyfelwyr,
gwelaf wely'r iaith
fel drwy nant loyw.
Rhoed bendith ystyr ar fy ngalar, fy nghasineb, fy nicter, fy nychan.

Rwy'n sgrechain
o'r groes.

Y lloerig

cyfieithiad o gerdd K. Satchidanandan

Nid oes crefydd gan y lloerig
na dosbarth chwaith. Maent uwchlaw
cenedl, yn byw y tu hwnt
i ideoleg. Ni haeddwn ni
eu diniweidrwydd nhw.

Nid breuddwyd yw eu hiaith
ond realiti arall. Lleufer
yw eu cariad. Ar noson
ola' leuad fe orlifa.

Mae duwiau uwch eu pennau
na wyddom ni amdanynt. Maent yn
ysgwyd eu hesgyll
pan dybiwn ni eu bod
yn codi eu hysgwyddau. Iddyn nhw,
mae enaid gan bob pryfyn
a duw gwyrdd ceiliogod y rhedyn
yn codi ar ei goesau main.

Weithiau, gwelant goed yn gwaedu, clywant
ru'r llewod yn y strydoedd. Weithiau,
maent yn gwylio'r Nef yn ddisglair mewn
llygaid cathod bach, fel y gwnawn ni. Ond nhw yn unig all
glywed côr y morgrug.

Wrth gyffwrdd â'r aer yn dyner
dofant gorwynt
dros Fôr y Canoldir. Eu camau trymion
sy'n atal ffrwydrad
y llosgfynyddoedd.

Mae eu hamseru'n amgen.
Eiliad iddyn nhw ein canrif ni.
Mewn ugain eiliad maent gyda Christ,
ymhen chwech arall gyda Buddha.

Mewn un dydd, cyrhaeddan nhw
y glec a oedd yn y dechreuad.

Maent yn cerdded ymlaen, oherwydd
nid yw eu daear wedi bennu berwi.

Nid yw'r lloerig eto'n lloerig
fel ŷm ni.

Laitumkhrah

cyfieithiad o gerdd Robin Ngangom

Does neb yn edrych ar gofebion tywyll
yn sefyll yn y glaw unig, eu pennau'n
ymddiried yn ysgwyddau esgyrnog yr awyr,
ddaw 'na neb i aros yma, neb i edrych ar y meirw.

Anwybyddwyd cyfarchiad taer yr adar to,
does neb yn hidio dim am dorthau ffres y dydd
wrth grwydro'r ewyn budr, neb yn cofio chwaith
am yr ynfytyn a arferai anfon negeseuon
fry i'r nen, o'r swyddfa bost.

Dyma'r dref ryfedd
a ddringodd risiau'r byd,
a'i Sadyrnau blêr a cholur wedi'i sathru, a dagwyd
gan wleidyddiaeth yn dew ar wefusau, ei horenau'n melynu
a'i siopau'n agor eu hamrannau'n bryfoclyd araf,
a phersawr rhad ei strydoedd
yn dal, yn wyrdroëdig, ei hedmygwyr dosbarth canol.

Dwi isie dychwelyd at ei gaeafau,
y glaw undonog yn brwsio'r ffenest,
oherwydd y sylw a roddodd i'r bachgen gwirion
a garai fradu'r oriau, a wyddai
am ei bythynnod tawel.
Dwi isie cerdded trwy ei chanol nos i'r gwlâu sy'n fy nisgwyl,
drwy'r glwyd a agorwyd gan y glaw, a chythruddo'r
cartrefi swrth â'r gwaharddedig serch.

Dwi isie dychwelyd at nythod tanddaearol y diodydd,
ac ogle mwg a'r *camaraderie* pathetig
yn edrych 'mlaen at gyffro'u hadloniant
a drefnir gan y Glas.

Dwi isie dadlau gyda chof y dre,
a'i gorfodi i chwilio, yn ofer, amdanaf i.

Y gân ogleddol

cyfieithiad o gerdd K. Satchidanandan

Sut mae mynd i deml Tao

Peidiwch bolltio'r ddôr, na'i dal.
Yn ysgafn fel ar awel, ewch yn ddeilen
i weld ar hyd dyffryn y wawr.
Dros degwch, lledwch y llwch.
Dros orglyfrwch, cogiwch hanner cwsg.
Mae'r cyflym yn cyflymu
ar y lon i lesgedd,
byddwch araf, araf fel llonyddwch ei hun.

Ffurfiwch yn ddŵr anffurfiol.
Cuddiwch, peidiwch ceisio dringo draw.
Wedyn, na chylchwch y duwdod:
Digyfeiriad yw ei gyfaredd
a'i ddiddymder holl-absennol heb gefn nac wyneb.

I hwn, neu hon, na alwch ei (h)enw,
dienw ei enw o, neu hi.
Dim rhoddion, haws cario llestri gweigion
na rhai llawn.
Dim gosber na phaderau,
nid man i oedi â'ch dymuniadau
yw'r fan hyn.

Os oes rhaid, siaradwch
yn hyderus â llais distawrwydd,
llais maen yn siarad â'r llysiau mud,
llais dail yn arllwys eu dweud
i'r blodau.
Na'i lais nid oes melysach,
llais y distawrwydd llwyr.
Lliw Dim oll ei hun
yw'r ceinaf lliw.

Na chaniatewch, yn y tŷ,
i'r dorf weld eich mynd a dod.
Ewch dros ei drothwy fel drwy drin
y gaeaf yn yr afon, yn fach, a chrebachlyd.
Ennyd yn unig sydd gennych yma, fel eira oer yn dadmer yn yr haul.

Heb falchder na dicter dowch
achos ni roed ffurf ichi
eto, nid yw'r llwch yn ateb
eich gorchmynion hyd yn oed.
Gwyliwch rhag galar,
nid yw yn newid dim.
Mawredd nid yw yn fawredd heb ichi wadu'i fod.
Daliwch rhag defnyddio'ch dwylo fyth,
nid cariad yw eu bwriad ond y bom.

Gadewch, yn ddi-ddal, bysgodyn yn ei ddŵr,
a'r ffrwythau ar y pren.
Goroesa'r meddal y caled,
fel y tafod hwnnw a oroesa'r dannedd,
yr un na wna a wna'r cyfan oll.

Ewch, mae eilun na luniwyd
yno'n disgwyl amdanoch.

Cyngor teithio

cyfieithiad o gerdd Sampurna Chattarji

Gad y ddinas, dysga golli'r ffordd.
Gad i'r dieithryn ar feic modur dy arwain.

Het yn cuddio'i lygaid, yn taro'r heol racs,
gwibio, am nad oes arno ofn damweiniau.

Cofia bopeth, y brwyn,
y ffordd o dan y ffyrdd, y bore'n glymau.

Glyn, cors, tomen. Blodau mwstard.
Trwy gaeau'r cymylau, tre newydd wedi malu.

Sgwâr St. Marko

cyfieithiad o gerdd Marko Pogačar

Mae rhywbeth yn digwydd, ond wn i ddim beth.
brest yn ehangu a thynhau,
waliau'r gwythiennau'n gwasgu, y rhigolau, chwarennau'n
rhyddhau chwerwder mawr Zagreb.
dyna natur yr awyr y dyddiau hyn: hunllef
heb fymryn o sancteiddrwydd. llyfr bach
lle sgwennwyd, a lle na sgwennwyd
llawer peth, siffrwd
miliynau o goesau ar gerdded.
hunllef, ailadrodd lleisiau, hunllef,
dywedi eto. y stribedi miniog y mae'r glaw yn eu dilyn
i'w gwysi; ewinedd, ewinedd mae'n rhaid,
dail o gylch dwylo, am ei bod yn hydref ac fe ddaw pethau i ben,
yn ddi-boen, mae dŵr yn berwi
mewn potiau, cŵn yn blaguro'n ddu, mae'r rhai a ddaw tuag ataf
yn dynesu at y drygioni pŵl: hunllef, dwi'n ailadrodd,
hunllef, maen nhw'n ailadrodd, mae'r awyr gyfan wedi
closio at yr ysgwydd, ac yn y sŵn mawr
all neb glywed ei gilydd. mae popeth yn newydd, a phopeth yn fudr,
popeth yn Zagreb. llygaid, platiau, pethau
yr edrychwn ar ein gilydd ar eu traws. yn llym a sanctaidd i gyd,
yn gŵn i gyd, ein lleisiau dwys. araith
dinas ag awydd brathu, coed pin, praidd, rhywbeth
yn yr awyr, o dan ddaear, yn y muriau; rhywbeth
uwch ein pennau a rhywle arall. mae rhywbeth yn digwydd,
wn i ddim beth.

Ynghylch y tywydd drwg

cyfieithiad o gerdd Marko Pogačar

Nid gwanwyn mo hwn.
jyst blodau'n blaguro'n daeog o'r sepalau
a gwenyn yn canu *linoleum* a charped y gwynt. aer,
yn drwm a dwfn, yn cripian o dan y porfa ac yn codi
boliau llygod: diwrnod yn unig
a maen nhw'n tynnu llenni'r corff ac yn gwasgaru'r
esgyrn a'r ymysgaroedd. Nid gwanwyn mo hwn.
jyst dŵr mewn afonydd yn codi a phantrïoedd
yn aros i lenwi â newyddion drwg. yma a thraw mae duwiau
yn galw o feddi, fel colomennod. yna bydd cenedl
yn tynnu llygaid cenedl arall, ond liw nos mae hynny.
yn ystod y dydd mae'r diwrnod yn blaguro a daw'r adar yn eu holau i'r dref:
y gwifrau sy'n drwm o ganu a'r pridd sy'n ffrwythlon yn tagu gyddfau.
mae cloddiau'n cropian at yr awyr. mae gweinydd yn gosod byrddau
ac mae clêr yn disgyn i wydrau. mae'r gwyrddni yn dysgu ei iaith yn sydyn –
geiriadur dibynadwy y gypreswydden, llythrennau'r bedw a'r ffawydd;
mae hyd yn oed y baw o dan ewinedd yn barod i flaguro. ond nid gwanwyn
mo hwn. nid yw'n ddim.
nid oes gwanwyn hebot ti, dyna ddigon,
dyna ddigon o gelwydd.

Mehefin 2016

cyn gêm Slofacia, Ewro 2016

Pan faglodd Ian Rush, yn goesau i gyd,
y bêl i'r rhwyd yn ôl yn '91,
pan gurodd Cymru fach bencampwyr byd,
mi neidiais i i'r awyr gyda'r dyn ...

ond roedd y lôn rhwng Aber a Chaerdydd
yn lôn o ddagrau yn 2003,
a Rwsia wedi dryllio breuddwyd ffydd –
doedd '58 yn ddim ond rhif i mi.

Ond daeth yr awr, pryd bydd yr un ar ddeg
yn camu i'r maes, a gwn, drwy'r fonllef lon,
fod pob un deigryn, gwg, a gwaedd a rheg
yn ernes am yr union eiliad hon.

Mae gwlad yn dal ei hanal unwaith 'to,
a'r reff ar fin chwibanu yn Bordeaux.

Lens

cyn gêm Lloegr

A Bordeaux'n bair dadeni
un haf, atgyfodon ni,
a throdd fflach o goch llachar
yno'n wawrio gwallgo', gwâr
dros hanes hir, dros hen siom
a thywynnu'n ffaith ynom.

Awn heddiw, yn ein lliwiau,
yn gôr er mwyn cipio'r cae
yn Lens â'n hanthemau lu,
ennill y brwydrau hynny
â'r tîm, sydd, wedi'r 2–1
yn *jealous* o Joe Allen!
(Glyndŵr o arwr hirwallt,
cŵl iawn ymhob tacl hallt.)

Lloegr a'u hyder o hyd,
yn glaf gan ddisgwyl hefyd,
a *sixty-six* eto sydd
yn llywio eu holl awydd.

I'r haf sydd yn fwy na braint,
i gêm sy'n meddwl gymaint,
lle nad taeog mo'r hogie
uned ŷm, gogledd a de,
o Ynys Môn i Blas Mawr
un dorf, un teulu dirfawr
o wylio gyda'n gilydd
y wawr fawr dros Gymru fydd.

Disgwyl am y wawr

noson refferendwm Brexit

Mae'r wawr yn werth ei gweld y dyddiau hyn,
a'r heulwen yn teyrnasu dros y tir,
gadawodd heuldro'r haf y wlad ynghyn
gan egni'r golau sydd yn para'n hir.
Pa fath o wawr fydd fory, wedi dod
â'r cyfri mawr, a'r dadlau mwy i ben?
Ai gwawr o gerydd fydd hi, am ein bod
mewn tymer wedi codi cwr y llen
ar fwgan y gorffennol, a rhyddhau
cysgodion oer y ffos, y bom a'r gwn?
Neu wawr groesawgar heddwch yn parhau?
Waeth beth a wnawn, mae'r gaea'n dod, mi wn,
a thywyllu fesul diwrnod wnaiff hi nawr,
ond gwn y bydd, yfory, doriad gwawr.

Bore

Ym Mhontblyddyn a Blaenau,
Penrhiw-llan a Phont-lliw,
yng Nghaerdydd a Chaernarfon,
Cwm Rheidol a Rhiw

lle mae'n anodd adnabod
pwy sy'n elyn, yn ffrind,
a chyfandir o wahaniaeth
rhwng aros a mynd,

daeth y cyfri i ben.
Rhaid gadael, mi wn,
ac mor oer ydi heulwen
y Mehefin hwn.

I fis Mehefin 2016

Deuoliaeth gwlad a welaf, – y chwarae
  gyda'r chwerwedd tristaf,
  ond, ar ddalen Gorffennaf,
  hyder o'i gwacter a gaf.

Trioedd Pwll y Tŵr

ymateb i ffotograff Chris Reynolds

Mae traean cyntaf hanes yn y cefndir,
daeareg ideoleg, egwyddor ein brawdgarwch
digyfaddawd er pan y'i mowldiwyd gan y tân,
disymud er pob newid yn ei orchudd,
er torri coed a thyfu gwair a brwyn
mae gogwydd y syniadaeth yn ei le.

Mae'r strwythurau yn y pellter canol,
patrymau haearn dyn ar greigiau'r syniad.
Y tŵr a blannwyd yn y ddaear fel planhigyn
a flodeuodd yn egni du ac yn faner goch
cyn iddo wywo.
Y tŵr talsyth fel hen areithiwr
sy'n dechrau ffwndro'i eiriau, colli'i gof,
a drysu'i nodiadau yn yr awel lem.

Flaenaf yn y llun mae'r annibendod,
a rhwd ein profiad dros yr haearn cry',
sbarion bywyd wedi'u taflu ymaith,
olwynion, peiriannau, pibelli a hoelion
a fu'n dal mecanwaith bywyd ynghyd,
yn hawlio'r lle,
yn llenwi'r llun
â'u pentyrrau onglog,

blith draphlith
fel teganau plant drwg ganol nos.

Ar y domen hon mae heddiw, yr heddiw dros dro
a godwn ac a daflwn ymaith,
ein heddiw diwreiddiau, di-wifr,
sy'n darfod cyn dechrau
heb na sail na strwythur
uwch craig egwyddor, sydd eto'n disgwyl
am sŵn y morthwyl eilwaith ar y ffas.

I Dafydd Jones

ar ddiwedd ei flwyddyn dysteb

Pan fo'r môr eto'n cronni
yn lleng hen flaenwyr y lli
ewynnog a'u hymgynnull
yn dair rheng yn y dŵr hyll,
daw afon Aeron arw
i'w maeddu'n hawdd, medden nhw;
dŵr sgarlad o Bumlumon
ar daith er mwyn dofi'r don.

Pan ddaeth ebol o olwr
ar garlam gwyrgam, roedd gŵr
fel hen giât o'i flaen i gau
adwy yr holl rediadau.
Yn y ryc, trawai eco
fel sŵn taran o dan do,
neu ddryllio llong gan ddŵr llwyd,
sŵn esgyll maes yn ysgwyd
a 'sgallen blaenasgellwr
yn pigo, curo 'mhob cwr.

Crynai'r cae ar enwi'r cob,
oerai holl gaeau Ewrob
wrth glywed ei gerddediad
gam wrth gam i faes y gad,
crynent cans gwyddent fod gwae
y diawl yn ei bedolau.

Daw sŵn y styds nos a dydd
i'r maswr, er i'r meysydd
fynd yn angof, fe gofia
am glec hir magl y ca'.
Ganol nos daw'r gnul iasol
drosto a'i lusgo'n ddi-lol
i Sadwrn mor arswydus,
i gae'r ofn gerfydd ei grys.

Dofi pob gwalch balch ei big
wnâi Dafydd, ein pendefig.
Dafydd, oet d'wysog Dyfed,
ar hyd y sir o dŷ i sied,
o draethau'r glannau i'r Glyn,
o'r beudai i'r Bae wedyn,
mae Sgarlets ar ddyletswydd,
y dorf sy'n plygu'n dy ŵydd.

Dan fantell blaenasgellwr
oet darw gwyllt, oet dri gŵr,
oet yr ordd fu'n taro ais
a dofwr pob un dyfais,
ac fel eog dros glogwyn
yn y dŵr, neidiet a dwyn
pêl ar bêl gan fachwyr byd
a'u rhofio i'r olwyr hefyd.
Yn y lein, oet alanas
wrth greu'r bedlam mwya' mas,
oruchaf awyrgrafwr,
cryfach a thalach na thŵr
Pendinas uwch pob crasu,
un llanc uwch sgarmes y llu.

Yn y sgrym, is y gramen
o grysau gwŷr, erys gwên,
ac uwch mwd coch mud y cae,
yn nirgelion rhigolau'r
asgell a'r llinell hanner
yno saif goleuni'r sêr.

Hen arian papur

cyfieithiad o 'Old Banknotes' gan Lin Sagovsky, yn rhan o brosiect 26 Trysor

*Yn Dilyn Hyn Saciodd Messrs. Evans, Jones a Davies
yr Asiantaeth cyn Mynd yn Fethdalwyr eu Hunain*

Aber & Treg – yn corlannu'r praidd.

Banc Alun Mamon – i'r bugail newydd.

Hel a didol yn deidi.

Cneifio'r costau.

Banc yr Hwrdd – arian i'r meheryn!

Yswiriant – ar gyfer y ddafad golledig.

Prancio wrth fancio.

Yn brefu o brofiad.

Wyt ti'n arbed arian? Oen i!

Peidiwch bod yn ddafad ddu.

Banc y Famog – lleol i'w chnu.

Aeth yr hwch drwy'r siop.

Teilwyr

Fouke Dutton, teiliwr a maer Caer yn yr unfed ganrif ar bymtheg,
oedd un o geidwaid cyntaf llawysgrif Hengwrt Chaucer.
Ysgrifennwyd y gerdd fel rhan o brosiect 26 Trysor.

I deilwyr y dudalen,
rheiny fu'n dilladu llên,
nid yw yn hawdd mynd yn hen.

Nid yw'r ddalen ddienw
yn ddalen wen, iddyn nhw
y lliw hŷn sy'n ei llanw.

Mae ôl ar ei hymylon,
hen eisiau am hanesion,
geiriau'n drwch dan lwch y lôn.

O gam i gam, mor gymen
yw'r inc sydd fel camau'r hen
storïau 'nhrwst yr awen.

Y map dwfn

Daw'r don sydd wastad ar daith
a gwau ei hen, hen gywaith,
a chreu map o'i chwarae maith.

I lenwi pob amlinell,
y lôn a'r gyfuchlinell,
daw i'r bae â'i stori bell.

I roi i'r map yr ewyn
ac i'w sgwariau haenau hŷn,
cau sŵn clecs yn inc ei lun.

Croes dros Geinewydd

mae croes fach bren ar lwybr yr arfordir i'r de o Geinewydd

Mae croes dros Geinewydd,
fel Crist dros Rio,
ac unigedd celfydd
gwylan yn crio.

Mae'r bwthyn yn dawel
uwch sgrechain y Bae,
golygfeydd tua'r gorwel,
a llenni ar gau.

Mae'r siop jips yn halltu
yr hen strydoedd llwm,
gobeithio mae'r rheiny
y bydd llanw trwm.

Ac mor chwerwfelys
yw'r gaeafau hir,
a'u breuder brawychus
dan donnau o'r tir.

Ebenezer

adeg dathlu daucanmlwyddiant yr achos yn Llangynog

Gwenu wrth syllu mae sêr
y nos dros Ebeneser,
yn goleuo'r gwagleoedd
â rhuban arian lle'r oedd
cysgod difod yn dofi'r
egni oedd yn gytgan hir.

Heno, trwy gof petryal
y drws at y pedair wal
y cerddaf, cerddaf i'r cof
drwy'r drws a chryd oer drosof,
dod yn haid o adnodau
i fyd cynulleidfa iau.

Lle mae'r cof yn llamu o'r cudd,
parêd ydyw'r parwydydd;
ar eu hyd, ffilm doredig
ar y maen sy'n chwarae mig.

Yn sŵn yr oesau hynny,
amser difater a fu
yn troi ein crud petryal,
yn drawst ac yn bedair wal –
ni all hwn yng ngwyll henoed
gynnau tân yn ddau gant oed,
dau gant oed o ganu taer,
unsain, a'r Gair yn bensaer.

Pedair wal yn pydru ŷnt
o hyd, ond waliau ydynt;
mae o'n mewn eu hemynau,
eu cân nhw mewn acen iau.

I Osian

i Osian Jones adeg ei garchariad yn Altcourse am ei ran yn yr ymgyrch dros ddeddf iaith newydd

Wel Osian, wyt ail Lewsyn yr Heliwr,
  wrolaf o'r bechgyn,
    rhoist sioc i'r taeog cytûn,
    dewraf o fois Penderyn.

Wyt faner goch, wyt feini'r garn, – wyt grôl,
  wyt dafol mewn tafarn,
    wyt saeth annibyniaeth barn,
    a huawdl fel llafn haearn.

Osian, ti yw ein lleisiau, – wyt y floedd,
  wyt fel arf; mae d'eiriau'n
    llosgi wrth i ni fwynhau
    yn llwfwr ein bonllefau.

Ti Osian, ein tywysydd, – wyt flaenaf,
  wyt fel un ar drywydd,
    dan glo Lloeger a'i cherydd,
    heno er hyn yn ddyn rhydd.

Wyt Osian. Wyt wahanol – i'r eitha'
  ar waith chwyldroadol,
    wyt Osian yn ei chanol,
    hyder ein hiaith ddi-droi'n-ôl.

Ar dir mud yr adar mân, – Eryri
  yr hiraeth sy'n griddfan,
    a dweud, fel lludw am dân,
    'gweld d'eisiau mae'n gwlad, Osian.'

Digywilydd-dod

gogledd Ceredigion, Hydref 2012

Heno, mae'r delweddau'n pallu dod,
yr awydd yn arafu,
geiriau'n glynu yn ei gilydd
ac yn gwrthod gadael fynd.
Nid blinder,
mae coffi'n cadw hwnnw wrth y drws.
Yn y cefndir y mae'r bwletinau byw,
straeon yn ailadrodd bob rhyw awr,
rhyfelgwn eto'n dadle ar y sgrin,
hanes yn datguddio cythreuliaid,
a'r tu allan, nawr ac yn y man
mae seirenau'n sgrialu drwy'r pentre,
chwilolau hofrenyddion dros yr afon,
braw y nos yn bolltio'r drws
a dagrau pedwar ban yn gwlychu'r lôn.
Heno, mae'r delweddau'n pallu dod.

Gwalia Deserta 2012

Beth ddwed y clychau heddi?
Oes rhai yn canu, dwed?
Tawelodd rheiny hefyd,
gwacaodd seti cred.

Ac nid yw Dai yn poeni
bellach bod rhaid i'w grwt
weld Uffern o dan ddaear,
mae'n Uffern ar y clwt.

Mae'r plant yn adrodd straeon
am *smack* a *speed* a *blow*,
am nad oes dim byd gwell i'w wneud
bellach ar Collier's Row.

Os geilw'r undeb streicie,
'mond dyrned ddaw o'r gwaith,
dyw'r aelod lleol ddim yn dod
i ddangos ochr chwaith.

Ond diawl, mae'r pwll 'di glasu,
yr afon eto'n lân,
a rhai yn dechrau siarad
am newid, fel o'r bla'n.

I Gareth ac Elin

Awst 2016

Un haf, ar lannau Teifi – unwyd dau,
   ac mae'r dŵr sydd ynddi
   yn hel ein bendithion ni
   at dŷ yn nyffryn Tywi.

Dros Sir Gâr, daw'r sêr i gyd – i aros
   a disgleirio hefyd,
   aros, a chreu o'r foryd
   haf a fydd yn haf o hyd.

Mae, drwy bob cae a phob cwm – o New Inn
   i Langynog batrwm,
   gwelwn, drwy'r caeau, gwlwm
   i ddau, a'u calonnau ynghlwm.

Dwy galon yn gwirioni – 'da'i gilydd,
   dwy galon yn gwmni,
   dwy galon lon eleni
   yn dweud 'rwy'n dy garu di.'

Gareth, daw stormydd gerwin, – oerni hen
   brynhawniau gwlyb, Elin,
   ond daw eich haf fel dewin
   â'i haul i oleuo'r hin.

I Eurig yn 30

Yn dri deg, am anrhegion
ni synia bois. Yn y bôn
diwedydd maboed ydyw,
a marwnad, nid dathliad yw,
diwedd i fywyd ieuanc
a dechrau byd chwerw'r banc
a'r morgais, dechrau *crisis*,
rhoi heibio'r hwyl, cyfri'i bris.

Ond Eurig, paid â digio,
heno daeth anrhegion, do,
chwaethus o weddus i ŵr,
i un sy' nawr yn henwr.
Pâr saff o *slippers awful*,
teis, sanau, capiau *uncool*,
tŵls ac offer a geriach,
dyn a ŵyr, i gadw'n iach,
a het glyd rhag gwynt a glaw
i ddannod nad wyt ddeunaw.
A rhown, yn help i barhau,
y mynydd fitaminau,
y moddion, nawr, medden nhw
i godi min, a'i gadw.

Dy gwiff sy'n llai stiff, llai stond,
llai uchelstiff, llai chwilstond,
a bydd dy *street cred* wedyn,
pan dry dy gwiff yn gwiff gwyn,
(hynny a fu'n) llai o faint,
hynny yw anrheg henaint.

Ond yn ein gŵyl codwn gân
sy'n hŷn na'r ŵyl ei hunan,
i godi to'r Pagoda,
i greu hwyl uwch gigiau'r ha'
rhown yn llon gyfarchion fil
i was sy'n troi yn ffosil!
Codwn yn Awst y trawstiau,
dweud yn awr ein bod yn iau
o ddweud drwy hen draddodiad
eiriau'r Glêr drwy lawer gwlad.

Hen ŵr, gan hen ŵr arall,
rhof iti air, gair i gall:
rhodd Amser i bob clerwr
ydyw oes o wylio dŵr
ar daith heb arafu dim,
ac oriau dyddiau diddim
yn llithro heibio, y rhodd
sy' heno'n felys, anodd.

I Eurig a Rhiannon

I Rhiannon, plât tectonig o foi
    araf iawn wyt, Eurig,
  o raid, rwyt ti'n hwyrfrydig
  i'r gêm neu ar daith i'r gìg.

Yn y gìg, heno, fel gŵr, arafa,
    mwynha'r haf a'i fwstwr,
  rhewa amser ym merw'r
  nos â dawns i leddfu'r stŵr.

O'r stŵr a'r dwndwr daw hwyl, un wrth un
    gorffennwyd pob gorchwyl,
  wedi hyn, fy ffrind annwyl
  bydd Tregaron heno'n ŵyl.

O'r ŵyl ar sgwâr Tregaron, lôn araf,
    a lôn hir a bodlon
  yw'r loywach, oleuach lôn
  a renni â Rhiannon.

I Aran a Heledd

Ar derfyn ei llwybr dirfawr
mae Dyfrdwy yn fodrwy fawr,
o Frychdyn i Benllyn bu
o hyd yn disychedu
Maelor hyd ei ymylon
â dawn i greu cadwyn gron
o'r mynydd, beunydd, i'r Bae,
Eryri i'r gororau.

Un tro, ni chyrchodd y trai
oherwydd y synhwyrai
yn Ninas Brân gynghanedd,
rhyw wawr o gariad ar wedd
llechi y castell uchel.
Ac fel llyn mewn dyffryn del
pwyllodd, pellhaodd o'r lli,
aeth i'r Rhos, bwrw'i thresi
dros Faes Garmon yn donnau
a'i gwên deg yn uno dau.

Down i Rowton dan dynfa,
i ddathlu a rhannu'r ha',
gyda Dyfrdwy'r fodrwy fawr
yn dorf mewn dyfroedd dirfawr
a'i lli yn cario'n llawen
sŵn y ddawns i neuadd hen.

Aran, o dan wrid dy wên
i Heledd y mae heulwen,
a bydd ar Ddyfrdwy mwyach
oleuni'r ddwy fodrwy fach.

Medi yn Aber

Disgwyl hyd nes bod gwyliau'n
dod i ben mae hud y Bae,
disgwyl nes clywed ysgwyd
yr holl le, o'i muriau llwyd
i'w neon hi gan awydd
yn yr iau i dorri'n rhydd.

Eistedd, a gwrando'n astud
a wnaf i, disgwyl yn fud
o'r Cŵps a hi'n amser cau
hen Fedi o dafodau.

Gwe

Golygfa 1: Ward ysbyty yng Nghymru, 2015

Clywaf ei lais yn crafu
ewinedd dweud ar fwrdd du.
Saeth ar ôl saeth yw pob sill
a'i anobaith yn ebill.

Rhyw drofa hir drwof oedd,
ond dweud ei enaid ydoedd.
Peswch, a chodi'r pwysau
oddi ar ei war, bwrw'r iau.

Ac o wrando ei gryndod,
ac ail-fyw, datgloi ei fod
ac ailagor y cloriau
o fewn y cof fu'n eu cau,

yn anfoddog, fel hogyn
ar daith ar hyd llwybrau dyn,
'r hyd coridor ei stori
gyda Mam yr euthum i.

Golygfa 2: Sbaen, 1938

Ym mhlethi sianeli'r nos,
mae rhwydwaith y marwydos
yn troi ar hyd y trywydd
a wnaed o wae gan y dydd.

Dwy sianel dawel yn dal
yn dew gan faint y dial,
dau waedlif yn gydlifiad,
yn rhuddo pridd â'u parhad.

Diferion gwlad o feirw,
dafnau o waed, a'u hofn nhw
yn endoriad diaros
at goflaid yr haid o'r rhos.

Wrth i len yr adenydd
yn eu du ar ddrama'r dydd
ddisgyn fel un, daw'r hen floedd –
corws cras eco'r oesoedd.

Golygfa 3: Pontypridd, 1937

Ar hyd y sgwâr gwasgarwyd
y llais o'r pellterau llwyd,
a baner ei bryderon
o dan drwch o lwch y lôn
ar ei hyd fel tonnau'r ha'
yn llepian ei lliw llipa.

Ond darluniodd drwy lenwi
y llais gyda'i harcholl hi,
arllwys ei boen i'r llais bach
ac o'i fron ei gyfrinach,
lliw chwerw llwch ei hiraeth
o'i diroedd e drwyddo a ddaeth.

'Sefwch, ymunwch â mi,
dilynwch y dolenni,
dewch, yn frigâd ryngwladol
â ffydd yn y freuddwyd ffôl ...'

Yn y dorf mae dyrnaid iau yn gloywi
wrth glywed ei eiriau,
gan wybod bod llong o'r Bae
i Ododdin eu dyddiau.

Golygfa 4: Caffi'r ysbyty yng Nghymru, 2015

Roedd y stori'n fy mlino,
yn troi am y canfed tro
ar hyd y gŵys, aredig
gweunydd y darlithydd dig.

'Ein dyled yw brawdoliaeth,
i rannu o Gymru gaeth,
dim ond bod yw nabod neb,
nid undyn ydi undeb.
Be wnei di, was, o boen dyn?
Be wnei-di o'i boen wedyn?'

Ond yna rhuthrais rhag pastwn rhethreg,
ffoi am baned, ceisio peidio rhedeg
rhag cywilydd geiriau gwâr y coleg,
dihengyd, symud fy ffug-resymeg
ac estyn tua gosteg symudol
yn ôl, yn ôl at gysur technoleg.

Rhwydwaith trydar
y gwyllt a'r gwâr.

Mae'r negeseuon yn rhan ohonof,
eu trydar cynnar yn eco ynof,
a'r ffôn yn troi ei waywffon trwof
yw sŵn y treisio sy'n atsain trosof,
sŵn brain yn cywain i'r cof frigau hyll,
i dorri'r gwyll gyda'u trydar gwallgof.

'Lladd ar y Llain!
#c'wilydd! Celain.'

Rwy'n gweld newyddion yn dod yn donnau,
olwyn ar olwyn yn rhoi hualau
am genedl gyfan, llosgi perllannau,
cywain dynion, a'r cynhaea'n danau,
chwalu mewn fflach o olau, a'r perthyn,
yn nhir hen hedyn, yn llawn rhaniadau.

'Y #traeth. Tir hallt.
Tai yn tywallt.'

Dur annynol yr aderyn anwar
sy'n fflachio yno'n yr heulwen gynnar,
brân ddu yn llechu'n y golau llachar,
yn y diwedydd daw haid o adar,
sŵn traed sy' yn eu trydar – i'r caeau
yn dod fel duwiau i falu daear.

'Y byd mewn bedd,
daw y diwedd?'

Golygfa 5: Gaza, 2015

Fesul ffynnon y cronnir
y caeau, darnau o dir
yn dod, fesul un a dau
yn eiddo, yn anheddau.

Cloddir pridd, cleddir parhad,
delir, fesul adeilad,
feysydd yr hen ddefosiwn
o dan glo'n yr hawlio hwn.

Yn y cudd, tyllu, gwacáu,
dileu dan adeiladau
wrth dynhau'r crafangau cryf.
Y cloddio sydd fel cleddyf.

Yn y rwbel nas gwelir mae un dyn
yn dweud o'r anialdir
y deil yn adfail ei dir
deuluoedd nas dilëir.

Yn ei ddwylo mae bomiau y rhyfel
eto'n crafu gwenau
malurion breuddwydion brau
i hagrwch ei daflegrau.

Golygfa 6: De Ffrainc, 1937

Dan awyr las, fel pasiant, bob cam bach
o'r ffyrdd doethach i'r ffridd y daethant,
trwy'r bore fel trwy beiriant yn martsio,
a llafurio, dod fel llifeiriant
gofalus, dod i gyfeiliant gwynt main
yn wylofain drwy'r caeau lafant.

Rhag cawodydd cyrcydant dan awydd
herio'r mynydd, yn arwyr mynnant
y daw cysgod difodiant i wenu,
ac i ganu am eu gogoniant.

Golygfa 7: Barcelona, 1938

Mae gynnau o'r tyrau tal
yn y ddinas hardd, anial,
fel ysgall rhwng briallu
yn magu dail drwy'r mwg du.

Hen ddwrn y ddraenen a ddaeth
i ddinas hen ddewiniaeth,
mae blagur dur ar dorri
drwy ei swyn pryderus hi.

A'r nos yn hir yn nhir neb,
i'r ddinas â'r ddau wyneb,
mae gwres trwm yn mygu'r stryd,
rhyfel yn sgwrio hefyd,
a'i byw yn dychmygu bod
ei meini'n golomennod.

*   *   *

Llanw dros y perllannau olewydd,
    gwaed fel glaw ar frigau,
   llanw coch fel gwyll yn cau,
   yn diferu hyd furiau.

Llanw dros y gwinllannoedd a dreiddiodd
    drwy heddwch y priddoedd
   ar donnau sur hyd nes oedd
   ei gynnen yn eu gwinoedd.

Llanw'n y pyllau hynny a grëwyd
    o'r gro, llwyddodd 'rheiny
   i wneud i hen wythiennau du
   ofnadwy'r afon waedu.

* * *

O arafu ar ofyn y môr mawr,
    y môr mud diderfyn,
   tawedog fel tywodyn
   yn y dŵr yw bywyd dyn.

Gorwedd y Cymro'n llonydd,
ar dywod gwyn derfyn dydd,
un o fil y dyrfa oedd,
un hedyn o'r cnwd ydoedd
a dynnwyd o dan donnau
y llif, a'r traeth yn pellhau,
y llif a drodd, fesul llanc,
flodau haf yn flawd ifanc.

Golygfa 8: Sbaen, 2015

Mae llwch y sgwâr yn aros
y clecs a'r awelon clòs,
a stoliau bariau'r bore
yn stŵr draw dros doeau'r dre.

Yn daranau daw'r henoed
gyda'r haul i gadw'r oed,
camu i rannu â'r ha'
gymun bach hwnt ac yma.

Ac ar sgwâr yr adar hyn
hen dawelwch sy'n dilyn.
Yn dynged, caead angof
ar drysorau cistiau cof
a roddwyd, gan roi heddwch
i wlad fel haenen o lwch.

Taflwyd rhwyd, gosodwyd sêl
y pry cop ar y capel.

Yn eu llygaid mae'r llwgu
a hen fraw dwfn lifrai du,
hancesi cochion llonydd
a thaflegrau dechrau'r dydd,
wybren o awyrennau
a'u twrw mud yn trymhau
awyr las dros dir y wlad.
Serio, ond ni chânt siarad.

*　　*　　*

O roi'r cof dan glawr cyfyd
yr anghofio'n gofio i gyd,
lle bu yno guddio gynt,
cyfaddef wna'r cof iddynt
fyw ar ôl ei farwolaeth
i gur yr angof yn gaeth,
a'r wlad yn cael marwnadu'n
llafar uwch y ddaear ddu.

Ym mêr ei thir mae merthyron, a gwŷr,
bradwyr ac ysbrydion,
a hil yn canfod olion
arwyr gwlad dan garreg lôn.

Y ffos sydd yn cyffesu'i chyfrinach
o frain, maen nhw'n cylchu,
ac mae heuliau'r dyddiau du
yn dannod wrth dywynnu.

Ar wedd eu daearyddiaeth,
mae'r gwae i dirwedd yn gaeth,
a bydd, ym mhob man lle bu,
gywilydd yn graigwely.

Mae ein cof fel meini cudd
yn sail i res o welydd.
'Mond pellter amser a wêl
linell yr ymyl anwel.

Golygfa 9: Ward ysbyty yng Nghymru, 2015

Heno gwyliaf y gwaelu
yn dod yn ei ddillad du,
bwrw'i gysgod ar flodau
fel llanw marw y mae.

Rhyw ddisgyn fesul munud
tua'r ddaear ddu o hyd
a wnawn ni, o'r crud newydd
i ofn dwfn ar derfyn dydd.

I waered, ar fy oriawr
tyf silwét fesul awr.

Golygfa 10: Stydi'r bardd, 2015

Gofod ac amser sy'n plethu'n gerrynt
yn rhwymo dynion, yn troi amdanynt,
rhannu a nyddu o'r hyn a oeddynt
i lunio haenau anwel ohonynt,
ac o hyd, yn sŵn y gwynt, daw eu cri,
heno mi wn-i nad mud mohonynt.

Agoraf gaead y cyfrifiadur
i lenwi'r ddalen, i herio'i ddolur,
canu i geisio, trwy ddrycin, gysur,
a chlicio a thapio i deipio dur
a chreu rhan fach o'r hen fur. Creu dolen
o luniau'r awen i lenwi'r awyr.

Croeso 'nôl

Aber, Rhagfyr 2016

Daw'r un pelydrau inni yn y dref,
  ond ar draeth ein stori
  mae carped coch yn trochi
  ein hen lefydd newydd ni.